ISIS,

TRAGEDIE,

REPRÉSENTÉE
PAR L'ACADEMIE ROYALE
DE MUSIQUE;

Pour la premiere fois, le cinquiéme Janvier 1677.
Remise nouvelle, le quatorziéme Decembre 1732.

Cette Edition y est conforme.

DE L'IMPRIMERIE
De JEAN-BAPTISTE-CHRISTOPHE BALLARD,
Seul Imprimeur du Roy, & de l'Académie Royale de Musique.

M. DCCXXXII.
AVEC PRIVILEGE DU ROY.
LE PRIX EST DE XXX. SOLS.

PERSONNAGES DU PROLOGUE.

LA RENOMMÉ'E, Mademoiselle Antier.
Chœur de la Suite de la Renommée. Les Rumeurs, les Bruits, &c.

NEPTUNE, Monsieur Dun.
Suite de Neptune, Tritons, & autres Dieux de la Mer.

APOLLON, Monsieur Dumast.
Suite d'Apollon. Les Muses, & les Arts Liberaux.

MUSES, CHANTANTES;

CALLIOPE, Mademoiselle Mignier.
MELPOMENE, Mademoiselle Dun.

MUSES, JOUANT DU VIOLON;

TERPSICHORE, Monsieur Caraffe.
POLYMNIE, Monsieur Aubert.

TRITONS;

PREMIER, Monsieur Besson.
SECOND, Monsieur Cuvillier.

PERSONNAGES DANSANTS *du Prologue.*

TRITONS;

Messieurs Javilliers-C., Dumay, Savar, Dupré.

NEREIDES;

Mademoiselle Richalet;
Mesdemoiselles Durocher, Carville, Lamartiniere, Favre.

LES ARTS;

Monsieur Malter-C.
Messieurs Malter-L., Hamoche, Dangeville, P-Dumoulin, F-Dumoulin, Matignon.

Acteurs, Chantans dans tous les Chœurs du Prologue & de la Tragedie.

CÔTE' DU ROY.		CÔTE' DE LA REINE.	
Mesdemoiselles	*Messieurs*	*Mesdemoiselles*	*Messieurs*
Dun.	Dun-Pere.	Antier-C.	Le Myre.
	Flamand.		Morand.
Campourcy.	S. Martin.	Tettelette.	Deserre.
Souris.	Marcelet.	Charlard.	Pler.
	Lefevre.		Louette.
Lavallée.	Buseau.	Delorge.	Dautrep.
	Deshais.		Lasalle.
Gaumenil.	Duplessis.	Ducoudray.	Besson.
	Combault.		Duchesne.
Duplessis.	Bornet.	Deshaigle.	Houbault.
David.	Bourquet.		

PROLOGUE.

Le Theâtre repreſente le Palais de LA RENOMME'E. Il eſt ouvert de tous côtez pour recevoir les nouvelles de ce qui ſe fait de conſiderable ſur la Terre, & de ce qui ſe paſſe de mémorable ſur la Mer, que l'on découvre dans l'enfoncement.

La Divinité qui préſide dans ce Palais, y paroît accompagnée de ſa Suite ordinaire : Les Rumeurs & les Bruits qui portent, comme elle, chacun une Trompette à la main, y viennent en foule de divers endroits du monde.

SCENE PREMIERE.

LA RENOMME'E, & ſa Suite, LES RUMEURS, ET LES BRUITS.

LA RENOMME'E, ET LES CHOEURS.

Publions en tous lieux
Du plus grand des Heros la valeur triomphante,
Que la Terre & les Cieux
Retentiſſent du bruit de ſa gloire éclatante.

PROLOGUE.

LA RENOMME'E.

C'eſt luy dont les Dieux ont fait choix,
Pour combler le bonheur de l'Empire François:
Envain pour le troubler, tout s'unit, tout conſpire;
C'eſt envain que l'Envie a ligué tant de Rois.

Heureux l'Empire
Qui ſuit ſes Loix!

LE CHOEUR.

Heureux l'Empire
Qui ſuit ſes Loix!

LA RENOMME'E ET LE CHOEUR.

Il faut le dire
Cent & cent fois,
Heureux l'Empire
Qui ſuit ſes Loix!

SCENE II.

DEUX TRITONS CHANTANTS, Troupe de Dieux Marins joüants des Instruments, & dansants. NEPTUNE, LA RENOMMÉ'E & sa Suite.

Les TRITONS, & les autres Dieux Marins accompagnent NEPTUNE sortant de la Mer, Il entre dans le Palais de la RENOMMÉ'E.

LES TRITONS.

C'Est le Dieu des Eaux qui va paroître,
Rangeons-nous près de nôtre Maître:
Enchaînons les Vents
Les plus terribles,
Que le bruit des Flots céde à nos Chants;
Regnez, Zephirs paisibles,
Ramenez le doux Printemps.

NEPTUNE, A LA RENOMMÉ'E.

Mon Empire a servi de Theâtre à la guerre;
Publiez des Exploits nouveaux:
C'est le même Vainqueur si fameux sur la Terre,
Qui triomphe encor sur les Eaux.

NEPTUNE, ET LA RENOMME'E.

Neptune. { *Célébrez son grand Nom sur la Terre & sur l'Onde.*
La Renommée. { *Célébrons.*

Qu'il ne soit pas borné par les plus vastes Mers ;
Qu'il vole jusqu'au bout du monde,
Qu'il dure autant que l'Univers.

LE CHOEUR.

Célébrons son grand Nom sur la Terre & sur l'Onde.
Qu'il ne soit pas borné par les plus vastes Mers ;
Qu'il vole jusqu'au bout du monde,
Qu'il dure autant que l'Univers.

SCENE III.

SCENE III.

LES MUSES, LES ARTS LIBERAUX, APOLLON, NEPTUNE & ſa Suite, LA RENOMMÉ'E & ſa Suite.

CALLIOPE.

CEſſez pour quelque temps, Bruit terrible des Armes,
Qui troublez le repos de cent Climats divers.

CALLIOPE, ET MELPOMENE.

Ne troublez pas les charmes
De nos divins Concerts.

TERPSICHORE, ET POLYMNIE forment un Concert d'Inſtruments.

MELPOMENE.

Recommençons nos chants, allons les faire entendre
Dans une auguſte Cour.

CALLIOPE ET MELPOMENE.

La Paix, la douce Paix, n'oſe encore deſcendre
Du celeſte ſéjour.
Près du VAINQUEUR, allons attendre
Son bienheureux retour.

LES ARTS accompagnent APOLLON, & se réjoüissent du bonheur que ce DIEU qui les conduit, leur fait esperer.

APOLLON, à la RENOMME'E.

Ne parlez pas toûjours de la Guerre cruelle,
Parlez des Plaisirs & des Jeux:
Les Muses & les Arts vont signaler leur zele,
Je vais favoriser leurs vœux:
Nous, préparons une Fête nouvelle
Pour le HEROS qui les appelle
Dans un azile heureux.
Ne parlez pas toûjours de la Guerre cruelle,
Parlez des Plaisirs & des Jeux.

LA RENOMME'E, NEPTUNE, APOLLON, LES MUSES, ET LE CHOEUR.

Ne parlons pas toûjours de la Guerre cruelle,
Parlons des Plaisirs & des Jeux.

LA RENOMME'E, NEPTUNE, APOLLON, LES MUSES, LES TRITONS, ET LE CHOEUR dela Suite de la RENOMME'E.

Hâtez-vous, Plaisirs, hâtez-vous;
Hâtez-vous de montrer vos charmes les plus doux.

LA RENOMME'E.

Il n'est pas encor temps de croire
Que les paisibles Jeux ne seront plus troublez.
Rien ne plaît au HEROS qui les a rassemblez,
A l'égal des Exploits d'éternelle mémoire.
Ennemis de la Paix, tremblez;
Vous le verrez bien-tôt courir à la victoire.
Vos efforts redoublez
Ne serviront qu'à redoubler sa gloire.

LA RENOMME'E, NEPTUNE, APOLLON, LES MUSES, LES TRITONS, ET LE CHOEUR de la Suite de la RENOMME'E.

Hâtez-vous, Plaisirs, hâtez vous;
Hâtez-vous de montrer vos charmes les plus doux.

Dans le temps que le Chœur chante, & que les Instruments joüent, la Suite de NEPTUNE danse avec celle d'APOLLON, & toutes ces Divinitez vont ensemble prendre part à la nouvelle Fête que LE DIEU DU PARNASSE a préparée avec LES MUSES & LES ARTS.

FIN DU PROLOGUE.

ACTEURS DE LA TRAGEDIE.

HIERAX, *Amant de la Nymphe* IO, *& Frere d'Argus*, Mr. Chassé.

PIRANTE, *Amy d'Hierax*, Mr. Dumast.

IO, *Nymphe, Fille du Fleuve Inachus, aimée de Jupiter, persecutée par Junon, & reçuë enfin au rang des Divinitez célestes, sous le nom d'*ISIS, Mlle. Le Maure.

MYCENE, *Nymphe, Confidente d'*IO, Mlle. Mignier.

MERCURE, Mr. Tribou.

Chœurs de Divinitez de la Terre, & des Echos.

Troupe de Divinitez de la Terre, des Eaux & des Richesses soûterraines.

JUPITER, Mr. Dun.

IRIS, *Confidente de* JUNON, Mlle. Pelissier.

JUNON, Mlle. Antier.

HEBE', *Fille de* JUNON, *& Déesse de la Jeunesse*, Mlle. Jullie.

*Chœurs, & Troupes des Jeux & des Plaisirs de la Suite d'*HEBE'.

Chœur, & Troupe de Nymphes de la Suite de JUNON.

ARGUS, Mr. Gouget.

UNE NYMPHE, *representant* SYRINX, Mlle. Pelissier.

Chœur & Troupe de Nymphes, Compagnes de SYRINX.

UN DES SYLVAINS, *representant* LE DIEU PAN, Mr. Chassé.

DEUX BERGERS, Mrs. Dumast & Cuvilliers.

Chœur & Troupe de Bergers, suivants de Pan.

Chœur & Troupe de Satyres de la Suite de Pan.

Chœur & Troupe de Sylvains suivants de Pan.

ERINNIS, *Furie*, Mr. Cuvilliers.

LES PARQUES, Mlle. Jullie, & Mrs. Dun & Dumast.

Suite des Parques. La Guerre, les Fureurs de la Guerre, la Famine, les Maladies violentes & languissantes, l'Incendie, l'Innondation, &c.

Chœurs de Divinitez Célestes.

Chœur & Troupe de Peuples.

LES TREMBLEURS, Mrs. Bornet, Besson, Marcelet, Combault, Dautrep, Louette.

ACTEURS DANSANTS
DE LA TRAGEDIE.

PREMIER ACTE.

DIVINITEZ DES RICHESSES;

Monſieur Dupré;
Meſſieurs Bontemps, Dangeville;
Meſdemoiſelles Thybert, Richalet.

DIVINITEZ DES EAUX;

Meſſieurs Dupré, Dumay;
Meſdemoiſelles Carville, Durocher.

DIVINITEZ DE LA TERRE;

Meſſieurs Malter-L., Hamoche;
Meſdemoiſelles Favre, Saint-Germain.

SECOND ACTE.

SUITE DE LA JEUNESSE;

Mr. D-Dumoulin, Mademoiſelle Camargo;
Mrs. Matignon, Bontemps, Malter-L., Hamoche;
Melles. Richalet, Thybert, Favre, S. Germain, le Breton.

TROISIE'ME ACTE.

FAUNES ET DRIADES;
Messieurs Dupré, Dumay, Matignon;
Mesdemoiselles Thybert, Durocher, Rabon.

BERGERS ET BERGERES;
Mademoiselle Camargo;
Messieurs Malter-L., Malter-C., Hamoche.
Mesdemoiselles Favre, Saint-Germain, Le Breton.

QUATRIE'ME ACTE.

PEUPLES GELEZ;
Messieurs Malter-L., Hamoche, Javilliers-L., Javilliers-C., P-Dumoulin, Dangeville.

LA GUERRE;
Monsieur Dupré;
Messieurs Savar, F-Dumoulin, Dumay, Dupré, Bontemps, Matignon.

CINQUIE'ME ACTE.

EGYPTIENS;
Monsieur D-Dumoulin;
Messieurs Savar, Javilliers-L., Dumay, Dupré.

EGYPTIENNES;
Melles. Carville, Lamartiniere, Le Sage, Rabon.

ISIS.

ISIS,

TRAGEDIE.

ACTE PREMIER.

Le Theâtre représente des Prairies agréables, où le Fleuve Inachus serpente.

SCENE PREMIERE.

HIERAX.

Essons d'aimer une Infidelle,
Evitons la honte cruelle
De servir, d'adorer qui ne nous aime plus,
Achevons de briser les nœuds qu'elle a rompus:

Dégageons-nous, ſortons d'un ſi funeſte Empire.
Helas ! malgré-moy je ſoûpire,
Ah ! mon Cœur, quelle lâcheté !
Quel charme te retient dans un honteux martire ?
Tu n'as pas craint des fers qui nous ont tant coûté,
As-tu peur de la liberté ?

Revenez, Liberté charmante,
Vous n'êtes que trop diligente,
Lorſqu'il faut dans un cœur faire place à l'Amour ;
Mais que vous êtes lente,
Lors qu'un juſte dépit preſſe vôtre retour.

SCENE II.

PIRANTE, HIERAX.

PIRANTE.

C'Est trop entretenir vos tristes rêveries ;
Venez, tournez vos pas vers ces rives fleuries,
Regardez ces flots argentez,
Qui dans ces vallons écartez,
Font briller l'émail des Prairies.
Interrompez vos soûpirs,
Tout doit être icy tranquile ;
Ce beau séjour est l'azile
Du repos & des plaisirs.

HIERAX.

Depuis qu'une Nymphe inconstante
A trahy mon amour, & m'a manqué de foy:
Ces lieux, jadis si beaux, n'ont plus rien qui m'enchante,
Ce que j'aime a changé ; tout est changé pour moy.

PIRANTE.

La Fille d'Inachus hautement vous préfere
A mille autres Amants de vôtre sort jaloux,
Vous avez l'aveu de son Pere,
Par les soins d'Argus vôtre Frere,
La puissante Junon se declare pour vous.

HIERAX.

Si l'Ingrate m'aimoit, je serois son Epoux.
Cette Nymphe legere
De jour en jour differe
Un Hymen qu'autrefois elle avoit cru si doux.

L'Inconstante n'a plus l'empressement extrême
De cet Amour naissant qui repondoit au mien,
Son changement paroît en dépit d'elle-même,
Je ne le connois que trop bien:
Sa bouche quelquefois dit encor qu'elle m'aime;
Mais son cœur, ny ses yeux ne m'en disent plus rien.

PIRANTE.

Se peut-il qu'elle dissimule?
Après tant de serments, ne la croyez-vous pas?

HIERAX.

Je ne les crus que trop, helas!
Ces serments qui trompoient mon cœur tendre & crédule.
Ce fût dans ces Vallons, où par mille détours
Inachus prend plaisir à prolonger son cours;
Ce fût sur son charmant rivage,
Que sa Fille volage
Me promit de m'aimer toûjours.
Le Zéphir fut témoin, l'Onde fut attentive,
Quand la Nymphe jura de ne changer jamais;
Mais le Zéphir leger, & l'Onde fugitive,
Ont enfin emporté les serments qu'elle a faits.

Je la voy, l'Infidelle!

PIRANTE.

Eclaircissez-vous avec elle.

SCENE III.

LA NYMPHE IO, MYCENE, HIERAX, PIRANTE.

IO.

M'Aimez-vous ? puis-je m'en flater ?

HIERAX.

Cruelle, en voulez-vous douter ?
Envain vôtre inconstance éclate,
Envain elle m'anime à briser tous les nœuds.
Je vous aime toûjours, Ingrate,
Plus que vous ne voulez, & plus que je ne veux.

IO.

Je crains un funeste présage.
Un Aigle dévorant vient de fondre à mes yeux,
Sur un Oyseau qui dans ces lieux,
M'entretenoit d'un doux ramage.
Differez nôtre hymen, suivons l'avis des Cieux.

HIERAX.

Nôtre hymen ne déplaît qu'à vôtre cœur volage,
Répondez-moy de vous, je vous répons des Dieux.

Vous juriez autrefois que cette Onde rebelle,
Se feroit vers sa source une route nouvelle,
Plutôt qu'on ne verroit vôtre cœur dégagé:
Voyez couler ces Flots dans cette vaste Plaine,
C'est le même penchant qui toûjours les entraîne,
Leur cours ne change point, & vous avez changé.

IO.

Laissez-moy revenir de mes frayeurs secretes ;
J'attens de vôtre amour cet effort généreux.

HIERAX.

Je veux ce qui vous plaît, Cruelle que vous êtes,
Vous n'abusez que trop d'un amour malheureux.

IO.

Non, je vous aime encor.

HIERAX.

Quelle froideur extrême!
Inconstante, est-ce ainsi qu'on doit dire qu'on aime?

IO.

C'est à tort que vous m'accusez,
Vous avez vû toujours vos Rivaux méprisez.

HIERAX.

Le mal de mes Rivaux n'égale point ma peine,
La douce illusion d'une esperance vaine
Ne les fait point tomber du faîte du bonheur,
Aucun d'eux, comme moy, n'a perdu vôtre cœur.
Comme eux, à vôtre humeur sévere,
Je ne suis point accoûtumé:
Quel tourment de cesser de plaire,
Lors qu'on a fait l'essay du plaisir d'être aimé!
Je ne le sens que trop, vôtre cœur se détache,
Et je ne sçay qui me l'arrache.

Je cherche envain l'heureux Amant
Qui me dérobe un bien charmant,
Où j'ay cru devoir ſeul prétendre ;
Je ſentirois moins mon tourment
Si je trouvois à qui m'en prendre.

Vous fuyez mes regards, vous ne me dites rien.
Il faut vous délivrer d'un fâcheux entretien,
Ma préſence vous bleſſe, & c'eſt trop vous contraindre.

IO.

Jaloux, ſombre, & chagrin, par tout où je vous voy,
Vous ne ceſſez point de vous plaindre ;
Je voudrois vous aimer autant que je le doy,
Et vous me forcez à vous craindre.

IO, ET HIERAX.

Non, il ne tient qu'à vous
De rendre nôtre ſort plus doux.

IO.

Non, il ne tient qu'à vous
De rendre
Mon cœur plus tendre.

HIERAX.

Non, il ne tient qu'à vous
De rendre mon cœur moins jaloux.

IO, ET HIERAX.

Non, il ne tient qu'à vous
De rendre nôtre ſort plus doux.

SCENE IV.

IO, MYCENE.

MYCENE.

Ce Prince trop long-temps dans ses chagrins s'obstine.
On pardonne au premier transport
D'un Amour qui se plaint à tort,
Et qui sans raison se mutine ;
Mais à la fin,
On se chagrine
Contre un Amour chagrin.

IO.

Je veux bien te parler enfin sans artifice,
Ce Prince infortuné s'allarme avec justice,
Le Maître souverain de la Terre & des Cieux
Entreprend de plaire à mes yeux :
Du cœur de Jupiter l'Amour m'offre l'Empire ;
Mercure est venu me le dire,
Je le voy chaque jour descendre dans ces lieux.
Mon cœur, autant qu'il peut, fait toûjours resistance ;
Et pour attaquer ma constance,
Il ne falloit pas moins que le plus grand des Dieux.

MYCENE.

MYCENE.

On écoûte aiſément Jupiter qui ſoûpire,
C'eſt un Amant qu'on n'oſe mépriſer;
Et du plus grand des cœurs, le glorieux Empire
Eſt difficile à refuſer.

IO.

Lors qu'on me preſſe de me rendre
Aux attraits d'un amour nouveau;
Plus le charme eſt puiſſant, & plus il ſeroit beau
De pouvoir m'en défendre.

Quoy! tu veux me quitter? d'où vient ce ſoin preſſant?

MYCENE.

C'eſt pour vous ſeule, icy que Mercure deſcend.

SCENE V.

MERCURE, IO, CHOEURS DES DIVINITEZ DE LA TERRE, ET DES ECHOS.

MERCURE, sur un Nuage.

LE Dieu puissant qui lance le Tonnerre,
Et qui des Cieux tient le Sceptre en ses mains.
A resolu de venir sur la Terre
Chasser les maux qui troublent les Humains.

Que la Terre avec soin à cet honneur réponde:
Echos, retentissez dans ces lieux pleins d'appas,
Annoncez qu'aujourd'huy pour le bonheur du monde,
Jupiter descend icy-bas.

Les Chœurs repetent ces quatre derniers Vers dans le temps que MERCURE descend sur la Terre.

MERCURE, à IO.

C'est ainsi que Mercure,
Pour abuser des Dieux jaloux,
Doit parler hautement à toute la Nature;
Mais, il doit s'expliquer autrement avec vous.

C'est pour vous voir, c'est pour vous plaire,
Que Jupiter descend du celeste séjour;
Et les biens qu'icy-bas sa présence va faire,
Ne seront dûs qu'à son amour.

IO.

Pourquoy du haut des Cieux, ce Dieu veut-il descendre?
Mes vœux sont engagez, mon cœur a fait un choix.
L'Amour tôt ou tard peut prétendre,
Que tous les cœurs se rangent sous ses Loix:
C'est un hommage qu'il faut rendre;
Mais, c'est assez de le rendre une fois.

MERCURE.

Ce seroit en aimant une contrainte étrange,
Qu'un cœur pour mieux choisir, n'osast se dégager:
Quand c'est pour Jupiter qu'on change,
Il n'est pas honteux de changer.

Que tout l'Univers se pare
De ce qu'il a de plus rare,
Que tout brille dans ces lieux
Que la Terre partage
L'éclat & la gloire des Cieux;
Que tout rende hommage
Au plus grand des Dieux.

SCENE VI.

Les Divinitez de la Terre , des Eaux , & des Richesses soûterraines , viennent magnifiquement parées pour recevoir JUPITER , & pour luy rendre hommage.

CHOEUR DES DIVINITEZ.

Que la Terre partage
L'éclat & la gloire des Cieux ;
Que tout rende hommage
Au plus grand des Dieux.

JUPITER, descendant du Ciel.

Les armes que je tiens protegent l'Innocence ,
L'effort n'en est fatal qu'à l'orgueil des Titans.
Vous qui suivez mes Loix , vivez sous ma puissance,
Toûjours heureux , toûjours contents.

Jupiter vient sur la Terre ,
Pour la combler de bienfaits ,
Il est armé du Tonnerre ,
Mais c'est pour donner la paix.

LE CHOEUR.

Jupiter vient sur la Terre , &c.

FIN DU PREMIER ACTE.

ACTE SECOND.

Le Theâtre devient obſcurcy par des Nuages épais qui l'environnent de tous côtez.

SCENE PREMIERE.

IO.

U ſuis-je, d'où vient ce Nuage?
Les Ondes de mon Pere, & ſon charmant Rivage,
Ont diſparu tout à coup à mes yeux!
Où puis-je trouver un paſſage?
La jalouſe Reine des Cieux
Me fait-elle ſi-tôt acheter l'avantage
De plaire au plus puiſſant des Dieux?
Que vois-je! quel éclat ſe répand dans ces lieux!

JUPITER paroît, & les Nuages qui obſcurciſſent le Theâtre, ſont illuminez & peints des couleurs les plus brillantes & les plus agréables.

SCENE II.

JUPITER, IO.

JUPITER.

Vous voyez Jupiter; que rien ne vous étonne.
C'est pour tromper Junon & ses regards jaloux
Qu'un Nuage vous environne;
Belle Nymphe, rassurez-vous.
Je vous aime, & pour vous le dire
Je sors avec plaisir de mon suprême Empire.
La foudre est dans mes mains, les Dieux me font la cour,
Je tiens tout l'Univers sous mon obéïssance;
Mais, si je prétens en ce jour
Engager vôtre cœur à m'aimer à son tour,
Je fonde moins mon esperance
Sur la grandeur de ma puissance,
Que sur l'excès de mon amour.

IO.

Que sert-il qu'icy-bas vôtre amour me choisisse?
L'honneur m'en vient trop tard, j'ay formé d'autres nœuds:
Il falloit que ce bien, pour combler tous mes vœux,
Ne me coûtât point d'injustice,
Et ne fît point de malheureux.

JUPITER.

C'est une assez grande gloire
Pour vôtre premier Vainqueur,
D'être encor dans vôtre memoire,
Et de me disputer si long-temps vôtre cœur.

IO.

La gloire doit forcer mon cœur à se défendre.
Si vous sortez du Ciel pour chercher les douceurs
D'une amour tendre,
Vous pourrez aisément attaquer d'autres cœurs,
Qui feront gloire de se rendre.

JUPITER.

Il n'est rien dans les Cieux, il n'est rien icy-bas
De si charmant que vos appas;
Rien ne peut me toucher d'une flâme si forte;
Belle Nymphe, vous l'emportez
Sur les autres Beautez,
Autant que Jupiter l'emporte
Sur les autres Divinitez.
Verrez-vous tant d'amour avec indifference?
Quel trouble vous saisit? où tournez-vous vos pas?

IO.

Mon cœur en vôtre présence
Fait trop peu de resistance,
Contentez-vous, helas!
D'étonner ma constance,
Et n'en triomphez pas.

JUPITER.

Et pourquoy craignez-vous Jupiter qui vous aime?

IO.

Je crains tout, je me crains moy-même.

JUPITER.

Quoy! voulez-vous me fuir?

IO.

C'est mon dernier espoir.

JUPITER.

Ecoûtez mon amour.

IO.

Ecoûtez mon devoir.

JUPITER.

Vous avez un cœur libre, & qui peut se défendre.

IO.

Non, vous ne laissez pas mon cœur en mon pouvoir.

JUPITER.

Quoy! vous ne voulez pas m'entendre?

IO.

Je n'ay que trop de peine à ne le pas vouloir.
Laissez-moy....

JUPITER.

Quoy! si-tôt?

IO.

Je devois moins attendre;
Que ne fuyois-je, helas, avant que de vous voir!

JUPITER.

L'Amour pour moy vous sollicite,
Et je vois que vous me quittez.

IO.

Le Devoir veut que je vous quitte,
Et je sens que vous m'arrêtez.

SCENE III.

SCENE III.

MERCURE, JUPITER, IO.

MERCURE.

IRis est icy-bas, & Junon elle-même
Pourroit vous suivre dans ces lieux.

JUPITER.

Pour la Nymphe que j'aime,
Je crains ses transports furieux.

MERCURE.

Sa vangeance seroit funeste
Si vôtre amour étoit surpris.

JUPITER.

Va, prens soin d'arrêter Iris,
Mon amour prendra soin du reste.

IO tâche de fuïr JUPITER qui la suit.

SCENE IV.

MERCURE, IRIS.

MERCURE.

ARrêtez, belle Iris, differez un moment
D'accomplir dans ces lieux ce que Junon desire.

IRIS.

Vous m'arrêterez vainement,
Et vous n'aurez rien à me dire.

MERCURE.

Mais, si je vous disois que je veux vous choisir
Pour attacher mon cœur d'une éternelle chaîne?

IRIS.

Je vous écoûterois peut-être avec plaisir,
Mais, je vous croirois avec peine.

MERCURE.

Refusez-vous d'unir vôtre cœur & le mien?

IRIS.

Jupiter & Junon nous occupent sans cesse,
Nos soins sont assez grands sans que l'amour nous blesse,
Nous n'avons pas tous-deux le loisir d'aimer bien.

MERCURE.

Si je fais ma premiere affaire.
De vous voir & de vous plaire?

IRIS.

Je feray mon premier devoir
De vous plaire, & de vous voir.

MERCURE.

Un cœur fidelle
A pour moy de charmants appas:
Vous avez mille attraits, vous n'êtes que trop belle;
Mais, je crains que vous n'ayez pas
Un cœur fidelle.

IRIS.

Pourquoy craignez-vous tant
Que mon cœur ſe dégage?
Je vous permets d'être inconſtant,
Si-tôt que je ſeray volage.

MERCURE ET IRIS.

Promettez-moy de conſtantes amours;
Je vous promets de vous aimer toûjours.

MERCURE.

Que la feinte entre nous finiſſe.

IRIS.

Parlons ſans miſtere en ce jour.

MERCURE ET IRIS.

Le moindre artifice
Offenſe l'Amour.

IRIS.

Quel ſoin preſſe icy-bas Jupiter de deſcendre?

MERCURE.

Le ſeul bien des Mortels luy fait quitter les Cieux.
Mais, quel ſoupçon nouveau Junon peut-elle prendre?
Ne ſuivroit-elle point Jupiter en ces lieux?

IRIS.

Dans les Jardins d'Hebé, Junon vient de ſe rendre.

JUNON paroît au milieu d'un Nuage qui s'avance.

MERCURE.

Un Nuage entr'ouvert la découvre à mes yeux.
Iris parle ainſi ſans miſtere?
C'eſt ainſi que je puis me fier à ſa foy.

IRIS.

Ne me reprochez pas que je ſuis peu ſincere;
Vous ne l'étes pas plus que moy.

MERCURE ET IRIS.

Gardez pour quelqu'autre
Vôtre amour trompeur;
Je reprens mon cœur,
Reprenez le vôtre.

Le Nuage s'approche de Terre, & JUNON descend.

SCENE V.

JUNON, IRIS.

IRIS.

J'Ay cherché vainement la Fille d'Inachus.

JUNON.

Ah! je n'ay pas besoin d'en sçavoir davantage;
Non, Iris, ne la cherchons plus.
Jupiter dans ces lieux m'a donné de l'ombrage;
J'ay traversé les Airs, j'ay percé le Nuage
Qu'il opposoit à mes regards:
Mais, envain j'ay tourné les yeux de toutes parts.
Ce Dieu, par son pouvoir suprême,
M'a caché la Nymphe qu'il aime,
Et ne m'a laissé voir que des Troupeaux épars;
Non, non, je ne suis point une incredule Epouse
Qu'on puisse tromper aisément.
Voyons qui feindra mieux de Jupiter amant,
Ou de Junon jalouse.

Il est Maître des Cieux, la Terre suit sa Loy;
Sous sa toute-puissance, il faut que tout fléchisse;
Mais, puisqu'il ne prétend s'armer que d'artifice,
Tout Jupiter qu'il est, il est moins fort que moy.

Dans ces lieux écartez, voy que la Terre est belle!

IRIS.

Elle honore son Maître, & brille sous ses pas.

JUNON.

L'Amour, cet Amour infidelle,
Qui du plus haut des Cieux l'appelle,
Fait que tout luy rit icy-bas.
Près d'une Maîtresse nouvelle
Dans le fond des Deserts, on trouve des appas,
Et le Ciel même ne plaît pas
Avec une Epouse immortelle.

SCENE VI.

JUPITER, JUNON, MERCURE, IRIS

JUPITER.

Dans les Jardins d'Hebé, vous deviez en ce jour
D'une nouvelle Nymphe augmenter vôtre Cour;
Quel dessein si pressant dans ces lieux vous amene?

JUNON.

Je ne vous suivray pas plus loin.
Je viens de vôtre amour attendre un nouveau soin:
Ne vous étonnez pas qu'on vous quitte avec peine,
Et que de Jupiter on ait toûjours besoin.

Vous m'aimez, & j'en suis certaine

JUPITER.

Souhaitez, je promets
Que vos vœux seront satisfaits.

JUNON.

J'ay fait choix d'une Nymphe, & déja la Déesse,
De l'aimable Jeunesse
Se prépare à la recevoir;
Mais, je n'ose sans vous, disposer de personne.
Si j'ay quelque pouvoir,
Je n'en prétens avoir
Qu'autant que vôtre amour m'en donne.

Ce don de vôtre main me sera précieux.

JUPITER.

J'approuve vos desirs; que rien n'y soit contraire.
Mercure, ayez soin de luy plaire,
Et portez à son gré mes ordres en tous lieux,
Que tout suive les loix de la Reine des Cieux.

MERCURE, ET IRIS.

Que tout suive les loix de la Reine des Cieux.

JUPITER.

Parlez, que vôtre choix hautement se declare.

JUNON.

La Nymphe qui me plaît ne vous déplaira pas.
Vous ne verrez point icy-bas
De merite plus grand, ny de Beauté plus rare:
Les honneurs que je luy prépare
Ne luy sont que trop dûs;
Enfin, Junon choisit la Fille d'Inachus.

JUPITER.

La Fille d'Inachus!

JUNON.

Declarez-vous pour elle.
Peut-on voir à ma suite une Nymphe plus belle,
Plus capable d'orner ma Cour,
Et de marquer pour moy le soin de vôtre amour?
Vous me l'avez promise, & je vous la demande.

JUPITER.

Vous ne sçauriez combler d'une gloire trop grande
La Nymphe que vous choisissez,
Junon commande:
Allez, Mercure, obéïssez.

IRIS.

Junon commande:
Allez, Mercure, obéïssez.

SCENE VII.

HEBE', TROUPE DE JEUX ET DE PLAISIRS.

Troupe de Nymphes de la ſuite de JUNON.

LES JEUX & LES PLAISIRS s'avancent, en danſant devant la Déeſſe HEBE'.

HEBE'.

LEs Plaiſirs les plus doux
Sont faits pour la Jeuneſſe.

Venez, Jeux charmants, venez-tous;
Gardez-vous bien d'amener avec vous
La ſévere Sageſſe:

Les Plaiſirs les plus doux
Sont faits pour la Jeuneſſe.

Fuyez, fuyez, ſombre Triſteſſe,
Noirs Chagrins, fuyez loin de nous,
Vous êtes deſtinez pour l'affreuſe Vielleſſe:

Les Plaiſirs les plus doux
Sont faits pour la Jeuneſſe.

LE CHOEUR.

Les Plaiſirs les plus doux
Sont faits pour la Jeuneſſe.

LES JEUX, LES PLAISIRS, & les Nymphes de JUNON se divertissent par des Danses & par des Chansons, en attendant la nouvelle Nymphe, dont JUNON veut faire choix.

DEUX NYMPHES.

Aimez, profitez du temps,
Jeunesse charmante,
Rendez vos desirs contents,
Tout rit, tout enchante
Dans les plus beaux ans.

L'Amour vous éclaire,
Marchez sur ses pas;
Cherchez à vous faire
Des nœuds pleins d'appas,
Que vous sert de plaire,
Si vous n'aimez pas?

CHOEUR.

Que ces Lieux ont d'attraits!
Goûtons-en bien les charmes,
L'Amour n'y fait jamais
Verser de tristes Larmes,
Les soins & les allarmes
N'en troublent point la paix:

Joüissons dans ces Retraites,
Des douceurs les plus parfaites;
Suivez-nous, charmants Plaisirs,
Comblez tous nos desirs.

SCENE VIII.

IO, MERCURE, IRIS, HEBE', LES JEUX, LES PLAISIRS, Troupe de Nymphes de la Suite de JUNON.

MERCURE ET IRIS, conduisant IO.

MERCURE.

SErvez, Nymphe, servez, avec un soin fidele,
La puissante Reine des Cieux:

IRIS.

Suivez dans ces aimables lieux,
La Jeunesse immortelle;

ENSEMBLE.

Tout plaît & tout rit avec elle.

HEBE', & les Nymphes reçoivent IO.

HEBE'.

Que c'est un plaisir charmant
D'être jeune & belle!
Triomphez à tout moment
D'une Conqueste nouvelle:
Que c'est un plaisir charmant
D'être jeune & belle!

LE CHOEUR. *Que c'est*, &c.

FIN DU DEUXIE'ME ACTE.

ACTE TROISIE'ME.

Le Theâtre change, & représente la Solitude, dont ARGUS fait sa demeure, près d'un Lac, au milieu d'une Forest.

SCENE PREMIERE.

ARGUS, IO.

ARGUS.

DAns ce solitaire Séjour
Vous êtes sous ma garde, & Junon vous y laisse:
Mes yeux veilleront tour à tour,
Et vous observeront sans cesse.

IO.

Est-ce-là le bonheur que Junon m'a promis?
Argus, apprenez-moy quel crime j'ay commis.

ARGUS.

Vous êtes aimable,
Vos yeux devoient moins charmer;
Vous êtes coupable
De vous faire trop aimer.

IO.

Ne me déguisez rien : dequoy m'accuse-t-elle ?
Quelle offense à ses yeux me rend si criminelle ?
Ne pourray-je appaiser son funeste couroux ?

ARGUS.

C'est une offense cruelle
De paroître belle
A des yeux jaloux.
L'Amour de Jupiter a trop paru pour vous.

IO.

Je suis perduë, ô Ciel! si Junon est jalouse.

ARGUS.

On ne plaît guere à l'Epouse,
Lors qu'on plaît trop à l'Epoux.

Vous n'en serez pas mieux d'être ingrate & volage.
Vous quittez un fidele Amant
Pour recevoir un plus brillant hommage ;
Mais c'est un avantage
Que vous payerez cherement,
Vous n'en serez pas mieux d'être ingrate & volage.

J'ay l'ordre d'enfermer vos dangereux appas,
La Déesse défend que vous voyez personne.

IO.

Aux rigueurs de Junon, Jupiter m'abandonne?
Non, Jupiter ne m'aime pas.

ARGUS enferme IO.

SCENE II.

HIERAX, ARGUS.

HIERAX, voyant IO, qui entre dans la Demeure d'ARGUS.

LA Perfide craint ma presence :
Elle me fuit envain, & j'iray la chercher....

ARGUS arrêtant HIERAX.

Non.

HIERAX.

Laissez-moy luy reprocher
Sa cruelle inconstance.

ARGUS.

Non, on ne l'a doit point voir.

HIERAX.

Quoy ! Junon me devient contraire ?

ARGUS.

L'ordre est exprès pour tous, perdez un vain espoir.

HIERAX.

L'amitié fraternelle a si peu de pouvoir?

ARGUS.

Non, je ne connois plus ny d'Amy, ny de Frere,
Je ne connois que mon devoir.
Laissez la Nymphe en paix, ce n'est plus vous qu'elle aime.

HIERAX.

Quel est l'heureux Amant qui s'en est fait aimer?
Nommez-le-moy.

ARGUS.

Tremblez à l'entendre nommer,
C'est un Dieu tout-puissant, c'est Jupiter luy-même.

HIERAX.

O Dieux!

ARGUS.

Dégagez-vous d'un amour si fatal,
Sans balancer, il faut vous y resoudre,
C'est un redoutable Rival
Qu'un Amant qui lance la foudre.

HIERAX.

Dieux tout-puissants, Ah! vous étiez jaloux
De la felicité que vous m'avez ravie,
Dieux tout-puissants, Ah! vous étiez jaloux
De me voir plus heureux que vous.

Vous n'avez pû souffrir le bonheur de ma vie,
Et je voyois vos grandeurs sans envie:
J'aimois, j'étois aimé, mon sort étoit trop doux!

Dieux tout-puissants, Ah! vous étiez jaloux
De la felicité que vous m'avez ravie,
Dieux tout-puissants, Ah! vous étiez jaloux
De me voir plus heureux que vous.

ARGUS.

Heureux qui peut briser sa chaîne!

Finissez une plainte vaine,
Méprisez l'infidelité;
Un cœur ingrat vaut-il la peine
D'être tant regretté?

Heureux qui peut briser sa chaîne!

HIERAX ET ARGUS.

Heureux qui peut briser sa chaîne!

ARGUS.

Liberté, liberté.

SCENE III.

ARGUS, HIERAX, UNE NYMPHE Qui représente SYRINX. Troupe de Nymphes en habit de Chasse.

SYRINX, CHOEUR DE NYMPHES.

Liberté, liberté.

Une partie des NYMPHES dansent dans le temps que les autres chantent.

ARGUS ET HIERAX.

Quelles danses! quels chants! & quelle nouveauté!

SYRINX ET LES NYMPHES.

S'il est quelque bien au monde,
C'est la liberté.

ARGUS ET HIERAX.

Que voulez-vous ? il faut qu'on nous réponde.

SYRINX ET LES NYMPHES.

S'il est quelque bien au monde,
C'est la liberté.

SCENE IV.

ARGUS, HIERAX, SYRINX, Troupe de Nymphes, MERCURE déguisé en Berger; Troupe de Bergers; Troupe de Satyres, & de Sylvains.

MERCURE, CHOEURS DE NYMPHES, DE BERGERS, ET DE SYLVAINS.

LIberté, liberté.

MERCURE déguisé en Berger, parlant à ARGUS.

De la Nymphe Syrinx, Pan cherit la memoire,
Il en regrette encor la perte chaque jour.

Pour

Pour célébrer une Fête à sa gloire,
Ce Dieu luy-même assemble icy sa Cour:
Il veut que du malheur de son fidele amour,
Un Spectacle touchant représente l'Histoire.

ARGUS.

C'est un plaisir pour nous; poursuivez, j'y consens,
Je ne m'oppose point à ces Jeux innocents.

ARGUS va prendre place sur un siege de gazon, proche de l'endroit où IO est enfermée, & fait placer HIERAX de l'autre côté.

MERCURE, parlant à part à toute la Troupe qu'il conduit.

Il donne dans le piege; achevez sans remise,
Achevez de surprendre Argus & tous ses yeux:
Si vous tentez une grande entreprise,
Mercure vous conduit, l'Amour vous favorise,
Et vous servez le plus puissant des Dieux.

MERCURE, LES BERGERS, LES SATYRES, & LES SYLVAINS rentrent derriere le Theâtre.

SCENE V.

ARGUS, HIERAX, SYRINX.
TROUPE DE NYMPHES.

SYRINX,

L'Empire de l'Amour n'est pas moins agité
Que l'Empire de l'Onde ;
Ne cherchons point d'autre felicité,
Qu'un doux loisir dans une paix profonde.

S'il est quelque bien au monde,
C'est la liberté.

SCENE VI.

Un des Sylvains représentant le Dieu PAN.
Troupes de Bergers, de Satyres, & de Sylvains.
SYRINX, Troupe de Nymphes.
ARGUS ET HIERAX.

Des Bergers & des Sylvains dansants, & chantants viennent offrir des presents de Fruits & de Fleurs à la Nymphe SYRINX, & tâchent de luy persuader de n'aller point à la Chasse, & de s'engager sous les loix de l'Amour.

DEUX BERGERS.

Quel bien devez-vous attendre,
Beautez, qui chassez dans ces Bois?
Que pouvez-vous prendre,
Qui valle un cœur tendre,
Soûmis à vos loix?

Ce n'est qu'en aimant,
Qu'on trouve un sort charmant.
Aimez enfin à vôtre tour,
Il faut que tout céde à l'Amour:
Il sçait frapper d'un coup certain
Le Cerf léger qui fuit envain;
Jusques dans les Antres secrets,
Au fond des Forests,
Tout doit sentir ses traits.

PAN.

Je vous aime, Nymphe charmante,
Un Amant immortel cherche à plaire à vos yeux.

SYRINX.

Pan est un Dieu puissant, je révere les Dieux;
Mais le nom d'Amant m'épouvante.

PAN.

Pour vous faire trouver le nom d'Amant plus doux,
J'y joindray le titre d'Epoux.

Je n'auray pas de peine
A m'engager
Dans une aimable chaîne,
Je n'auray pas de peine
A m'engager
Pour ne jamais changer.
Aimez un Dieu qui vous adore,
Unissons-nous d'un nœud charmant.

SYRINX.

Un Epoux doit être encore
Plus à craindre qu'un Amant.

PAN.

Dissipez de vaines allarmes
Eprouvez l'Amour & ses charmes,
Connoissez ses plus doux appas:
Non, ce ne peut être
Que faute de le connoître
Qu'il ne vous plaît pas.

SYRINX.

Les maux d'autruy me rendront ſage,

Ah ! quel malheur
De laiſſer engager ſon cœur !
Pourquoy faut-il paſſer le plus beau de ſon âge
Dans une mortelle langueur ?
Ah ! quel malheur !
Pourquoy n'avoir pas le courage
De s'affranchir de la rigueur
D'un funeſte eſclavage ?
Ah ! quel malheur
De laiſſer engager ſon cœur !

PAN.

Ah ! quel dommage
Que vous ne ſçachiez pas aimer !
Que vous ſert-il d'avoir tant d'attraits en partage,
Si vous en negligez le plus grand avantage ?
Que vous ſert-il de ſçavoir tout charmer ?
Ah ! quel dommage
Que vous ne ſçachiez pas aimer !

CHOEUR de Sylvains, de Satyres & de Bergers.

Aimons ſans ceſſe.

CHOEUR DE NYMPHES.

N'aimons jamais.

CHOEUR de Sylvains, de Satyres & de Bergers.

Cédons à l'Amour qui nous presse:
Pour vivre heureux, aimons sans cesse.

CHOEUR DE NYMPHES.

Pour vivre en paix,
N'aimons jamais.

SYRINX.

Faut-il qu'en vains discours un si beau jour se passe?
Mes Compagnes, courons dans le fort des Forests.
Voyons qui d'entre-nous se sert mieux de ses traits.
Courons à la Chasse.

SYRINX revenant sur le Theâtre, suivie de PAN.

Pourquoy me suivre de si près?

PAN.

Pourquoy fuir qui vous aime?

SYRINX.

Un Amant m'embarasse.

PAN revenant une seconde fois sur la Scene, suivant toûjours SYRINX.

Je ne puis vous quitter: mon cœur s'attache à vous
Par des nœuds trop forts & trop doux....

SYRINX.

Mes Compagnes, Venez.... C'est envain que j'appelle.

PAN.

Ecoûtez, Ingrate, écoûtez
Un Dieu charmé de vos beautez,
Qui vous jure un amour fidelle.

SYRINX, fuyant.

Je declare à l'Amour une guerre immortelle.

Troupe de Bergers qui arrêtent SYRINX.

Cruelle, arrêtez.

Troupe de Sylvains, & de Satyres qui arrêtent SYRINX.

Cruelle, arrêtez.

SYRINX.

On me retient de tous côtez.

CHOEURS de Satyres, de Sylvains & de Bergers.

Cruelle, arrêtez.

SYRINX.

Dieux Protecteurs de l'Innocence,
Nayades, Nymphes de ces Eaux,
J'implore icy vôtre assistance.

SYRINX se jette dans les Eaux.

PAN, suivant SYRINX dans le Lac où elle s'est jettée.

Où vous exposez-vous ? Quels prodiges nouveaux!
La Nymphe est changée en Roseaux!

Le vent pénétre dans les Roseaux, & leur fait former un bruit plaintif.

Helas! quel bruit! qu'entens-je! Ah quelle voix nouvelle!
La Nymphe tâche encor d'exprimer ses regrets.
Que son murmure est doux! que sa plainte a d'attraits,
Ne cessons point de nous plaindre avec elle.

Les yeux qui m'ont charmé ne verront plus le jour.
Etoit-ce ainsi, cruel Amour,
Qu'il falloit te vanger d'une Beauté rebelle?
N'auroit-il pas suffi de t'en rendre vainqueur,
Et de voir dans tes fers son insensible cœur
Brûler avec le mien d'une ardeur éternelle?

Que tout ressente mes tourments.

PAN

PAN, ET DEUX BERGERS, accompagnez de Flûtes.

Ranimons les reſtes charmants
D'une Nymphe qui fût ſi belle;
Elle répond encor à nos gémiſſements,
Ne ceſſons point de nous plaindre avec elle.

ARGUS commence à s'aſſoupir; MERCURE déguiſé en Berger, s'approche de luy; Il acheve de l'endormir, en le touchant de ſon Caducée.

PAN.

Que ces Roſeaux plaintifs ſoient à jamais aimez?...

MERCURE.

Il ſuffit, Argus dort, tous ſes yeux ſont fermez.
Allons, que rien ne nous retarde,
Délivrons la Nymphe qu'il garde.

SCENE VII.

IO, MERCURE, Troupes de Sylvains, de Satyres, & de Bergers, ARGUS, HIERAX.

MERCURE, faisant sortir IO de la demeure D'ARGUS, qu'il ouvre d'un coup de son Caducée.

REconnoissez Mercure, & fuyez avec nous;
Eloignez-vous d'Argus, avant qu'il se réveille.

HIERAX arrêtant IO, & parlant à MERCURE.

Argus avec cent yeux sommeille;
Mais croyez-vous
Endormir un Amant jaloux?
Demeurez.

MERCURE.

Malheureux, d'où te vient cette audace?

HIERAX.

J'ay tout perdu, j'attends le trépas sans effroy,
Un coup de foudre est une grace
Pour un Malheureux comme moy.
Eveillez-vous, Argus, vous vous laissez surprendre.

ARGUS ET HIERAX.

Puissante Reine des Cieux,
Junon, venez nous défendre.

MERCURE, frapant ARGUS & HIERAX de son Caducée.

Commencez d'éprouver la colere des Dieux.

ARGUS tombe mort. HIERAX changé en Oyseau de Proye, s'envole.

CHOEURS DE SYLVAINS, DE SATYRES, ET DE BERGERS.

Fuyons.

IO.

Vous me quittez, quel secours puis-je attendre?

CHOEURS DE SYLVAINS, DE SATYRES ET DE BERGERS.

Fuyons, Junon vient dans ces lieux.

SCENE VIII.

JUNON sur son Char, ARGUS, IO, ERINNIS, LA FURIE.

JUNON.

REvoy le jour, Argus; que ta figure change.

ARGUS transformé en Paon, vient se placer devant le Char de JUNON.

JUNON.

Et vous, Nymphe, apprenez comment Junon se vange.
Sors, barbare Erinnis, sors du fond des Enfers,
Viens, pren soin de servir ma vangeance fatale
Et d'en montrer l'horreur en cent climats divers:
Epouvante tout l'Univers
Par les tourments de ma Rivale.
Viens la punir, au gré de mon couroux:
Redouble ta rage infernale,
Et fay, s'il se peut, qu'elle égale
La fureur de mon cœur jaloux.

LA FURIE sort des Enfers, elle poursuit IO, elle l'enleve, & JUNON remonte dans le Ciel.

IO, poursuivie par LA FURIE.

O Dieux! où me reduisez-vous?

FIN DU TROISIE'ME ACTE.

ACTE QUATRIE'ME.

Le Theâtre change, & représente l'Endroit le plus glacé de la Scythie.

SCENE PREMIERE.

Des Peuples paroissent transis de froid.

LES PEUPLES DES CLIMATS GLACEZ.

L'Hyver qui nous tourmente,
S'obstine à nous geler :
Nous ne sçaurions parler
Qu'avec une voix tremblante.
La neige & les glaçons
Nous donnent de mortels frissons.

SCENE II.

IO, LA FURIE, LES PEUPLES DES CLIMATS GLACEZ.

IO.

LAisse-moy, cruelle Furie,
Cruelle, laisse-moy respirer un moment.
Ah! Barbare, plus je te prie,
Et plus tu prens plaisir d'augmenter mon tourment.

LA FURIE.

Soûpire, gémy, pleure, crie;
Je me fais de ta peine un spectacle charmant.

IO.

Laisse-moy, cruelle Furie,
Cruelle, laisse-moy respirer un moment.

Quel horrible séjour! Quel froid insuportable!
Tes Serpens animez par ta rage implacable,
Ne sont-ils pas d'assez cruels bourreaux?
Pour punir un cœur miserable;
Viens-tu chercher si loin des supplices nouveaux?

LA FURIE.

Malheureux Habitans d'une Demeure affreuſe,
Connoiſſez de Junon le funeſte couroux,
Par ſa vangeance rigoureuſe :
Vous voyez une Malheureuſe,
Qui ſouffre cent fois plus que vous.

IO, ET LA FURIE.

Vous voyez une Malheureuſe,
Qui ſouffre cent fois plus que vous.

LES PEUPLES DES CLIMATS GLACEZ.

Ah ! quelle peine
De trembler, de languir dans l'horreur des Frimats!

IO.

Ah ! quelle peine
D'éprouver tant de maux ſans trouver le trépas !
Ah ! quelle vangeance inhumaine !

LA FURIE.

Viens changer de tourments, paſſe en d'autres Climats.

IO, entraînée par LA FURIE.

Ah ! quelle peine !

TOUS.

Ah ! quelle peine !
De trembler, de languir dans l'horreur des Frimats!

SCENE III.

Le Theâtre change, & représente l'Antre des Parques.

SUITE DES PARQUES.

CHOEUR.

EXecutons l'Arrest du Sort,
Suivons ses Loix les plus cruelles;
Presentons sans cesse à la Mort
Des Victimes nouvelles.

LA SUITE DES PARQUES, témoignant le plaisir qu'elle prend à terminer le sort des Humains.

Que le fer, que la faim, que les feux;
Que tout serve à creuser mille & mille toumbeaux.

SCENE IV.

SCENE IV.

IO, LA FURIE, LA SUITE DES PARQUES.

IO, parlant à la Suite des Parques.

C'Est contre moy qu'il faut tourner
Vôtre rigueur la plus funeste ;
D'une vie odieuse, arrachez-moy le reste ;
Hâtez-vous de la terminer.

CHOEUR.

C'est aux Parques de l'ordonner.

IO.

Favorisez mes vœux, Déesses Souveraines,
Qui reglez du Destin les immuables Loix ;
Finissez mes jours & mes peines,
Ne me condamnez pas à mourir mille fois.

Le fond de l'Antre s'ouvre, & les Parques en sortent.

SCENE V.

LES PARQUES, IO, LA FURIE, Suite des Parques.

LES PARQUES.

LE fil de la vie
De tous les Humains,
Suivant nôtre envie,
Tourne dans nos mains.

IO.

Tranchez mon triste sort d'un coup qui me délivre
Des tourments que Junon me contraint de souffrir;
Chacun vous fait des vœux pour vivre,
Et je vous en fais pour mourir.

LA FURIE.

Jupiter l'a soûmise aux loix de son Epouse;
Elle a rendu Junon jalouse;
L'amour d'un Dieu puissant a trop sçû la charmer,
Elle est trop peu punie encore.

IO.

Est-ce un si grand crime d'aimer
Ce que tout l'Univers adore?

LES PARQUES.

Nymphe, appaise Junon si tu veux voir la fin
De ton sort déplorable;
C'est l'Arrest du Destin,
Il est irrevocable.

IO.

Helas! Comment fléchir une haine implacable?

LES PARQUES, LA FURIE, LE CHOEUR de la Suite des Parques.

C'est l'Arrest du Destin,
Il est irrevocable.

FIN DU QUATRIE'ME ACTE.

ACTE CINQUIEME.

Le Theâtre change, & représente les Rivages du Nil, & l'une des Embouchûres par où ce Fleuve entre dans la Mer.

SCENE PREMIERE.

IO, LA FURIE.

IO, *sortant de la Mer, d'où elle est tirée par la* FURIE.

Terminez mes tourments, puissant Maître du monde ;
Sans vous, sans vôtre amour, helas!
Je ne souffrirois pas.
Reduite au desespoir, mourante, vagabonde,
J'ay porté mon supplice en mille affreux climats ;
Une horrible Furie attachée à mes pas,

M'a ſuivie au travers du vaſte ſein de l'Onde.
Terminez mes tourments, puiſſant Maître du monde;

Voyez de quels maux icy-bas,
Vôtre Epouſe punit mes malheureux appas;
Délivrez-moy de ma douleur profonde,
Ouvrez-moy par pitié, les portes du Trépas.

Terminez mes tourments puiſſant Maître du monde,
Sans vous, ſans vôtre amour, helas!
Je ne ſouffrirois pas.

C'eſt Jupiter qui m'aime! eh! qui le pourroit croire?
Je ne ſuis plus dans ſa memoire,
Il n'entend pas mes cris, il ne voit pas mes pleurs.
Après m'avoir livrée aux plus cruels malheurs,
Il eſt tranquille au comble de ſa gloire,
Il m'abandonne au milieu des douleurs.
A la fin je ſuccombe; heureuſe, ſi je meurs!

IO tombe accablée de ſes tourments, & JUPITER touché de pitié, deſcend du Ciel.

SCENE II.

JUPITER, IO, LA FURIE.

JUPITER.

IL ne m'eſt pas permis de finir vôtre peine,
Et ma puiſſance ſouveraine,
Doit ſuivre du Deſtin l'irrevocable loy:
C'eſt tout ce que je puis par un amour extrême,
Que de quitter le Cïel & ma Gloire ſuprême,
Pour prendre part aux maux que vous ſouffrez pour moy.

IO.

Ah! mon ſupplice augmente encore!
Tout le feu des Enfers me brûle, & me dévore;
Mourray-je tant de fois, ſans voir finir mon ſort?

JUPITER.

Ma tendreſſe pour vous rend Junon inflexible.
Elle voit mon amour, il luy paroît trop fort,
Son couroux ſe redouble & devient invincible.

IO.

N'importe, en ma faveur, ſoyez toûjours ſenſible.

JUPITER.

C'eſt trop vous expoſer à ſon jaloux tranſport.
J'irrite en vous aimant, ſa vangeance terrible.

IO.

Aimez-moy, s'il vous eſt poſſible,
Aſſez pour la forcer à me donner la mort.

JUNON deſcend ſur la Terre.

SCENE DERNIERE.

JUPITER, JUNON, IO, LA FURIE.

JUPITER.

Venez Déesse impitoyable,
Venez, voyez, reconnoissez
Cette Nymphe mourante autrefois trop aimable.
C'est assez la punir, c'est vous vanger assez,
L'éclat de sa beauté ne la rend plus coupable;
Par la cruelle horreur du tourment qui l'accable,
Son crime & ses appas sont ensemble effacez,
Sans jalousie, & sans allarmes,
Voyez ses yeux noyez de larmes
Que l'ombre de la mort commence de couvrir.

JUNON.

Ils n'ont encor que trop de charmes
Puis qu'ils sçavent vous attendrir.

JUPITER.

Une juste pitié peut-elle vous aigrir?
Vôtre couroux fatal ne doit-il point s'éteindre.

JUNON.

Ah! vous la plaignez trop, elle n'est pas à plaindre.
Non, elle ne peut trop souffrir.

JUPITER.

Je sçay que c'est de vous que son sort doit dépendre.
Ce n'est qu'à vos bontez qu'elle doit recourir.
Il n'est rien que de moy vous ne deviez attendre,
Si je puis obliger vôtre haine à se rendre

IO.

Ah ! laissez-moy mourir.

JUPITER.

Prenez soin de la secourir

JUNON.

Vous l'aimez d'un amour trop tendre,
Non, elle ne peut trop souffrir.

JUPITER.

Quoy ! le cœur de Junon, quelque grand qu'il puisse être,
Ne sçauroit triompher d'une injuste fureur ?

JUNON.

De la Terre & du Ciel Jupiter est le Maître,
Et Jupiter n'est pas le Maître de son cœur ?

JUPITER.

Hé bien, il faut que je commence
A me vaincre en ce jour.

JUNON.

Vous m'apprendrez à me vaincre à mon tour.

JUNON ET JUPITER.

JUNON. { *J'abandonne ma vangeance,*
Rendez-moy vôtre amour?

JUPITER. { *Abandonnez vôtre vangeance,*
Je vous rends mon amour.

JUPITER.

Noires Ondes du Stix, c'est par vous que je jure,
Fleuve affreux, écoutez le serment que je fais.
Si cette Nymphe, enfin, reprend tous ses attraits,
Si Junon fait cesser les tourments qu'elle endure,
Je jure que ses yeux ne troubleront jamais
De nos cœurs reünis la bienheureuse paix.
Noires Ondes du Stix, c'est par vous que je jure,
Fleuve affreux, écoutez le serment que je fais.

JUNON.

JUNON.

Nymphe, je veux finir vôtre peine cruelle,
Que la Furie emporte aux Enfers avec elle
Le trouble & les horreurs dont vos sens sont saisis;

LA FURIE s'enfonce dans les Enfers.
IO se trouve délivrée de ses peines.

Aprés un rigoureux supplice,
Goûtez les bien-faits que les Dieux ont choisis:
Et sous le nouveau nom d'Isis,
Joüissez d'un bonheur qui jamais ne finisse,

JUPITER ET JUNON.

Dieux recevez Isis au rang des Immortels.
Peuples voisins du Nil, dressez-luy des Autels.

Les Divinitez du Ciel descendent pour recevoir ISIS, les Peuples d'Egypte luy dressent un Autel, & la reconnoissent pour la Divinité qui les doit proteger.

Divinitez qui descendent du Ciel dans la gloire, Peuples d'Egypte chantants. Quatre Egyptiennes chantantes. Peuples d'Egypte dansants. Quatre Egyptiennes dansantes.

CHOEUR DES DIVINITEZ.

Venez, Divinité nouvelle.

CHOEUR DES PEUPLES D'EGYPTE.

Isis, tournez sur nous vos yeux,
Voyez l'ardeur de nôtre zele.

JUPITER & JUNON prennent place au milieu des Divinitez, & y font placer ISIS.

JUPITER ET JUNON.

Isis est immortelle,
Isis va briller dans les Cieux :
Isis jouït avec les Dieux
D'une gloire éternelle.

JUPITER & JUNON, & les Divinitez remontent au Ciel, & y conduisent ISIS dans le temps que les Chœurs des Divinitez, & des Peuples d'Egypte répetent ces quatre derniers Vers.

FIN.

APROBATION.

J'AY lû par Ordre de Monseigneur le Garde des Sceaux, *ISIS, Tragedie.* Fait à Paris, ce douziéme Decembre mil sept cent trente-deux. Signé GALLYOT.

PRIVILEGE DU ROY.

LOUIS par la grace de Dieu, Roy de France & de Navarre: A nos amez & feaux Conseillers, les Gens tenant nos Cours de Parlement, Maîtres des Requêtes ordinaires de nôtre Hôtel, Grand Conseil, Prevôt de Paris, Baillifs, Sénéchaux, leurs Lieutenans-Civils, & autres nos Justiciers qu'il appartiendra, Salut. Les Sieurs Besnier, Avocat en Parlement, Chomat, Duchesne, & de la Val de S. Pont, Bourgeois de nôtre bonne Ville de Paris; Nous ont fait remontrer, qu'en consequence de l'Arrest de nôtre Conseil du 12. Decembre 1712. du Traité fait entr'eux & les Sieurs de Francine & Dumont, le 24. desdits Mois & An, & de nos Lettres Patentes du 8. Janvier ensuivant, confirmatives dudit Traité; Ils auroient acquis le Privilege, de faire representer les Opera durant le temps de vingt années, à compter du 20. Aoust 1712. ainsi que le Privilege de la vente des Paroles desdits Opera, lesquelles ils desireroient faire imprimer pour les donner au Public, s'il Nous plaisoit leur accorder nos Lettres de Privilege sur ce necessaires: A CES CAUSES; desirant favorablement traiter les Exposants, attendu les charges dont l'Academie Royale de Musique se trouve oberée, & les grandes dépenses qu'il convient de faire, tant pour l'Impression que pour la Gravûre en Taille-douce des Planches dont ce Livre sera orné; Nous leur avons permis & permettons par ces Presentes, de faire imprimer & graver les Paroles & la Musique de tous lesdits Opera, qui ont été ou qui seront representez par l'Academie Royale de Musique, tant separément que conjointement, en telle forme, marge, caractere, nombre de Volumes & de fois que bon leur semblera, & de les vendre & debiter par tout nôtre Royaume pendant le temps de dix-neuf années consecutives, à compter du jour de la datte desdites Presentes. Faisons défenses à toutes personnes, de quelque qualité & condition qu'elles puissent être, d'en introduire d'impression étrangere, dans aucun lieu de nôtre obéïssance: Et à tous Imprimeurs, Libraires, Graveurs, & autres, d'imprimer, faire imprimer, vendre, faire vendre, débiter ny contrefaire lesdites Impressions, Planches & Figures, en tout ny en partie, sans la permission expresse & par écrit desdits Sieurs Exposans, ou de ceux qui auront droit d'eux, à peine de confiscation des Exemplaires contrefaits, de six mille livres d'amende contre chacun des Contrevenants, dont un tiers à Nous, un tiers à l'Hôtel-Dieu de Paris, l'autre tiers ausdits Sieurs Exposans, & de tous dépens, dommages & interests, à la charge que ces Presentes seront enregistrées tout au long sur le Registre de la Communauté des Imprimeurs & Libraires de Paris, & ce dans trois Mois de la datte d'icelles; que la gravûre & impression desdits Opera sera faite dans nôtre Royaume & non ailleurs, en bon papier & en beaux caracteres, conformément aux Reglemens de la Librairie, & qu'avant de les exposer en vente, il en sera mis deux Exemplaires dans nôtre Bibliotheque publique, un dans celle de nôtre Château du Louvre, un autre dans celle de nôtre tres-cher & feal Chevalier Chancelier de France, le Sieur Phelypeaux, Comte de Pontchartrain, Commandeur de nos Ordres; Le tout à peine de nullité des Presentes; Du contenu desquelles vous mandons & enjoignons de faire joüir lesdits Sieurs Exposans, ou leurs Ayants-cause, pleinement & paisiblement, sans souffrir qu'il leur soit fait aucun trouble ou empeschement. Voulons que la Copie desdites Presentes, qui sera imprimée au commencement ou à la fin desdits Opera, soit tenuë pour dûëment signifiée; & qu'aux Copies collationnées par l'un de nos amez & feaux Conseillers & Secretaires, foy soit ajoûtée comme à l'Original. Commandons au premier nôtre Huissier ou Sergent, de faire pour l'execution d'icelles tous Actes requis & necessaires, sans demander autre permission, & nonobstant Clameur de Haro, Charte Normande & Lettres à ce contraires. CAR tel est nôtre plaisir. DONNE' à Versailles le vingtiéme jour d'Aoust l'An de Grace mil sept cent treize, & de nôtre Regne le soixante-onziéme, Par le Roy en son Conseil. Signé BESNIER, avec paraphe, & scellé.

Registré sur le Registre N° III. de la Communauté des Libraires & Imprimeurs de Paris, *Page* 648 N°. 741. conformément aux Reglemens, & notamment à l'Arrest du 30. Aoust 1703. Fait à Paris ce 12. Septembre 1713. *Signé*, L. JOSSE, Syndic.

Par Traité passé, DE L'ORDRE DU ROY, pardevant Notaires, le 22. Novembre 1727. entre l'Academie Royale de Musique, & le Sr. BALLARD, *Seul Imprimeur du Roy, &c. Il est Cessionnaire de ladite Academie, pour ce qui regarde les Livres mentionnez au Privilege cy-dessus.*

www.ingramcontent.com/pod-product-compliance
Lightning Source LLC
LaVergne TN
LVHW012354220826
846092LV00002B/549

* 9 7 8 2 3 2 9 6 8 9 4 7 0 *